.

Maria Landes
Barbara Haschner

Zaungucker und Türsteher

Knaur

Maria Landes | Barbara Haschner

Zaungucker und Türsteher

Lustige Figuren
aus Brettern
für Eingänge, Gärten
und Zäune

Inhalt

Material und Werkzeug

Arbeitstechniken

Vorwort

Rau, aber herzlich – so sind sie,
die netten Gäste der nachfolgenden
Seiten, die vielleicht schon bald auch
Sie bezaubern werden. Ob im Garten
oder als Willkommensgruß an der
Tür: Für ein hübsches Arrangement
von Figuren und allerlei Dekora-
tivem wie Vogelhäuschen,
Laternen oder Gießkannen
ist überall Platz, drinnen
wie draußen. Sicherlich
findet sich auch die eine
oder andere Gelegenheit,
liebe Freunde mit einem
selbst gefertigten Geschenk
zu erfreuen. Bringen Sie doch
einige dieser zauberhaften Ideen
in Ihren Alltag ein.

Einfache Materialien erleichtern
das Nacharbeiten und sanfte Farben
unterstreichen den rustikalen Charme
der Figuren. Also – greifen Sie zu
Holz, Pinsel und Farbe, und
das Dekorieren kann beginnen.
Dabei wünschen wir Ihnen
viel Spaß und gutes Gelingen.

Ihre
Maria Landes
und Barbara Haschner

Danksagung

Ein großes »Danke« unseren Familien
für die tatkräftige Unterstützung –
insbesondere Josef Landes und
Helmut Haschner.

MATERIAL UND WERKZEUG

Holz

Alle Modelle in diesem Buch sind aus sägerauen Fichten-Massivholzbrettern gearbeitet. Für die Türsteher eignet sich am besten bereits gesäumtes Holz. Dekoteile und Standflächen wurden aus ungesäumten Brettern gearbeitet. Beides gibt es in Sägewerken und in Holzhandlungen. Fragen Sie nach preiswerten Reststücken.

Säge

Zum Aussägen der Formen verwenden Sie eine Stichsäge. Achten Sie beim Zuschnitt immer darauf, dass das Werkstück sicher aufliegt. Da die Säge neben der Arbeitsfläche geführt wird, muss auf beiden Seiten der Sägelinie genügend Auflage für die Stichsäge bleiben.

Schleifpapier

Nach dem Zuschnitt werden alle Holzteile mit Papier der Körnung 60 oder 80 leicht abgeschliffen. Bei diesem Arbeitsgang sind Arbeitshandschuhe zu empfehlen, damit Sie sich an dem rauen Holz nicht verletzen. Schleifpapier erhalten Sie in Baumärkten.

Nägel und Leim

Figuren und Bodenbretter werden mit 60 mm langen Nägeln und etwas wasserfestem Holzleim verbunden. Wenn weitere Stifte oder Nägel gebraucht werden, ist das bei den jeweiligen Modellbeschreibungen angegeben.

Farben und Pinsel

Um den rustikalen Charakter des Holzes zu unterstreichen, wurden die Modelle ausschließlich mit wetterfester Acrylfarbe bemalt, z. B. mit Patio Paint der Firma Rayher. Auf diese Farben beziehen sich auch die meisten Farbbezeichnungen bei den einzelnen Bauanleitungen. Andere Hersteller verwenden andere Bezeichnungen. Acrylfarben lassen sich sehr gut mit Wasser verdünnen und erleichtern somit den Anstrich des rauen, schnell saugenden Materials. Ein zusätzlicher Lacküberzug der fertig bemalten Figuren kann entfallen.

Wenn Ihnen Acrylfarben zu teuer sind, empfehlen wir als preiswertere Alternative Vollton-Fassadenfarben aus dem Baumarkt. Sie sind ebenfalls wasserverdünnbar und können untereinander gemischt werden.

Ideal für den Anstrich großer Teile ist ein flacher Haushalts-Borstenpinsel (Größe 1). Für kleinere Flächen, Konturen und Muster verwenden Sie Haar- oder Borstenpinsel passender Größe.

Modelliermasse

Für die Gestaltung von Nasen oder Accessoires wurde lufttrocknende Modelliermasse verwendet. Da diese im unbehandelten Zustand Feuchtigkeit aufnimmt, müssen die fertigen, trockenen Teile für den Außenbereich sorgfältig lackiert werden. Die Bemalung mit Acrylfarben ergibt zwar bereits einen wasserfesten Überzug. Sicherer ist es aber, wenn Sie die fertig bemalten Teile zusätzlich rundum mit Klarlack (Mattlack) überziehen.

Modelliermasse und Lack erhalten Sie in Bastelgeschäften.

Draht und Drahtzange

Zum Befestigen von Dekoteilen verwenden Sie verzinkten Eisendraht (Durchmesser 1, 1,5 und 1,8 mm), der im Baumarkt erhältlich ist, oder Binde- und Steckdraht aus dem Floristikbedarf. Steckdraht von 1,6 mm Durchmesser wird teilweise auch für Haare und zum Aufstecken von Dekorationsteilen verwendet, da sich kurze Stücke gut ins Holz einschlagen lassen.

Sonstiges Werkzeug

Meterstab oder Bandmaß
Winkel
Bleistift
Hammer
Schraubstock
Spitzzange
Heißklebepistole
Bohrmaschine und Holzbohrer
Tacker

Sonstiges Material

Transparentpapier
Kohlepapier
Klebestift
alte Senf- oder Marmeladengläser
Küchenrolle
Teigrolle
kleines Küchenmesser
Modellierholz
Sperrholzreste

ARBEITSTECHNIKEN

Holz

Übertragen der Vorlagen

Legen Sie Transparentpapier auf die Vorlage und pausen Sie die Umrisse mit einem Bleistift ab. Zur Herstellung einer Schablone kleben Sie das Transparentpapier auf ein Stück Tonkarton, den Sie entlang der Umrisse ausschneiden. Legen Sie die Schablone auf das Brett auf und umfahren Sie sie mit einem Bleistift.

Für die Bretterfiguren wurden aus Platzgründen nur Vorlagen für den Kopf gefertigt. Daher müssen Sie auf die richtige Ansatzhöhe der Schablone achten. Die inneren Linien der Vorlagen, z. B. Gesichtszüge oder Haaransatz, werden freihändig oder mit Kohlepapier übertragen, nachdem das Holz geschliffen ist.

Die Vorlagen für die Köpfe der Figuren und für große Accessoires finden Sie auf dem Vorlagenbogen, ebenso weitere Vorschläge für die Gestaltung der Gesichter. Die mit »Universalkopf« bezeichnete Vorlage kann für mehrere Figuren verwendet werden. Dies ist bei den jeweiligen Modellen angegeben.

Alle Vorlagen und auch die Fotos sollen Ihnen als Anregung für die Gestaltung Ihrer Figuren dienen.

Sie können sie je nach Geschmack und Verwendungszweck für Ihre Bedürfnisse verändern oder durch andere ersetzen. Hier sind Ihrer Fantasie keine Grenzen gesetzt.

Aussägen, Schleifen und Befestigen

Mit der Stichsäge sägen Sie das vorgezeichnete Motiv aus. Wo Linien im Winkel zusammenlaufen oder sehr enge Radien aufweisen, setzen Sie die Säge an anderer Stelle neu an und sägen zur ersten Sägelinie hin.

Die Sägekanten werden leicht geschliffen, die Holzoberfläche wird entstaubt. Der rustikale Charakter des Holzes soll aber erhalten bleiben – deshalb nicht zu viel wegschleifen!

Eine Ausnahme sind die Gesichtspartien und die zu beschriftenden Schilder. Hier sind glatte Flächen von Vorteil, da es sich dann leichter mit feinen Pinseln arbeiten lässt.

Um die Standfläche anzubringen, spannen Sie die Figur in den Schraubstock. Leimen Sie die untere Kante ein und befestigen Sie die Bodenplatte von unten mit 60 mm langen Nägeln. Zusätzlich können Sie Figur und Standfläche mit einem Metallwinkel verbinden.

Die Standflächen der großen Figuren sind etwa 30 x 27 cm, die der kleinen etwa 24 x 16 cm groß. Es sieht sehr dekorativ aus, wenn Sie für die Standflächen ungesäumte Bretter verwenden.

Bei einigen Modellen wurde die lange, schmale Form durch halbkreisförmige Ausschnitte gegliedert.

Die Holzrohlinge der Türsteher sind alle nach dem oben beschriebenen Schema gefertigt. Daher wird dieser Arbeitsgang bei den einzelnen Modellen nicht mehr beschrieben.

Tipp

Sollte eine Figur nach der Fertigstellung wackeln, was bei Verwendung von frischem Holz durchaus passieren kann, lassen sich Unebenheiten mit kleinen Sperrholzresten ausgleichen, die Sie mit Heißkleber unter die Platte kleben. Wichtig ist auch, dass Modelle, die im Freien stehen, gegen Umfallen gesichert werden, indem Sie z. B. große Steine auf die Bodenplatte legen.

Farbe

Zuerst zeichnen Sie auf den fertigen Holzrohling mit Bleistift die Bereiche auf, die farbig angelegt werden sollen, z. B. Hut, Haare, Gesicht, Kleidung.

Legen Sie die Figur auf die Arbeitsfläche und tragen Sie mit Wasser verdünnte Acrylfarbe auf. Die Farbintensität testen Sie vorher auf einem Holzrest. Zum Anmischen der Farben eignen sich beispielsweise alte Senf- oder Marmeladengläser.

Wichtig ist, dass die Teile nacheinander angemalt werden, dass Sie also erst dann mit einer neuen Farbe beginnen, wenn die zuletzt benutzte getrocknet ist. Sonst besteht die Gefahr, dass die Farben ineinander laufen.

Um der Bemalung Tiefe zu verleihen, lassen Sie den Grundanstrich einige Minuten antrocknen. Dann betonen Sie mit unverdünnter schwarzer oder einer gegenüber der Grundierung dunkleren Farbe die Ränder und Begrenzungslinien. Die Farbübergänge werden anschließend mit einem feuchten Pinsel verwischt (Nass-in-Nass-Technik). Streifen Sie den Pinsel zwischendurch an einem Küchentuch ab oder waschen Sie ihn mit Wasser aus.

Für die Bemalung des Gesichts streichen Sie das Holz vorab mit etwas Wasser ein, lassen es kurz antrocknen und tragen dann mit wenig unverdünnter Farbe Wangen (in Terracotta) und Kopfbegrenzungen (in Braun oder Schwarz) auf. Wichtig ist auch hier, Farbübergänge zu verwischen, um harte Konturen zu vermeiden. Augen, Sommersprossen und Mund werden mit einem feinen Haarpinsel und ebenfalls mit unverdünnter Farbe

aufgemalt. Das Gesicht muss aber vorher vollständig trocken sein!

Ausdruck erhält eine Figur erst, wenn Lichtpunkte in die Augen gesetzt werden. Verwenden Sie dafür immer weiße Farbe und achten Sie darauf, dass die Lichtpunkte möglichst klein sind und in beiden Augen an gleicher Stelle angebracht werden. Um Ihnen diese Bemalung zu erleichtern, wurden zusätzliche Beispiele für Gesichter auf dem Vorlagenbogen, Seite A abgebildet.

Modelliermasse

Fertigen Sie für die zu modellierenden Teile Schablonen, indem Sie das gewünschte Motiv vom Vorlagenbogen auf Pappe übertragen und ausschneiden.

Kneten Sie die Modelliermasse gut durch, bis sie geschmeidig ist. Drücken Sie die Masse zwischen den Händen flach und rollen Sie sie anschließend mit einer Teigrolle auf einer Unterlage (z. B. einem Sperrholzrest) etwa 8 mm dick aus. Legen Sie die Pappschablone auf die Modelliermasse, um das Motiv mit einem Küchenmesser auszuschneiden. Augen und Löcher zum Befestigen der Dekoteile mit einem Zahnstocher eindrücken.

Zum Einritzen von Mustern eignet sich ein Modellierholz aus dem Bastelbedarf. Die Nasen der Figuren werden frei modelliert und können durch gerade oder schräge Schnittflächen in der Richtung variiert werden. Knöpfe formen Sie aus flach gedrückten oder halbierten Kugeln.

Die fertigen Teile lassen Sie auf einem Holzbrett trocknen. Drehen Sie sie

zwischendurch immer wieder um. Die ausgehärteten Accessoires werden mit unverdünnter Farbe bemalt. Natürlicher wirkt der Farbauftrag, wenn Sie die Kanten der Dekoteile noch betonen. Dafür tauchen Sie einen trockenen Pinsel in unverdünnte weiße oder schwarze Farbe und streifen ihn auf einem Küchentuch hin und her. Der Großteil der Farbe wird so aus dem Pinsel herausgewischt, und Sie erzielen nun sehr weiche Farbeffekte.

Wenn die Motive vollständig getrocknet sind, werden sie rundum sorgfältig mit klarem Mattlack lackiert.

TIPP

Um Nasen, Knöpfe und andere zu modellierende Dekoteile in der richtigen Größe zu fertigen, passen Sie sie der bereits fertig bemalten Figur an. Vorlagen für die im Buch verwendeten Dekoteile aus Modelliermasse finden Sie auf dem Vorlagenbogen.

Blumenkind

Wenn nach langen Wintertagen Eis und Schnee verschwinden, bringt dieses Glockenblümchen seine Betrachter in Frühlingslaune.

Höhe der Figur: 120 cm
Ansatzhöhe der Vorlage für den
    Kopf: 85 cm
Vorlagenbogen Seite A

Das wird gebraucht

- gesäumtes Fichtenholzbrett, 25 mm dick, 122 x 17 cm
- ungesäumtes Fichtenholzbrett, 25 mm dick (Standfläche)
- 3 Nägel, 2,5 x 60 mm
- lufttrocknende Modelliermasse und Acryllack (für Nase und Dekoherz)
- Acrylfarbe Indigo (Blau), Weiß, Grün, Terracotta, Braun, Schwarz
- lindgrünes Flachshaar
- Schleifenband
- grüne Glasperlen
- Silberdraht
- Dekotüte in Blütenform
- grüne Drahtblume

Hilfsmittel

- Heißklebepistole
- Holzleim
- Tacker
- Bindedraht
- Ausstechförmchen in Herzform

Tipp

Das Blumenkind kann sogar frische Blüten tragen, wenn Sie in der Deko-tüte ein mit Wasser gefülltes Reagenzglas verbergen.

So wird's gemacht

Die Glockenhaube und den Körper des Blumenkindes malen Sie blau an, die Standfläche braun und den Blütenansatz an der Haube grün. Die Ränder werden schwarz abgedunkelt.

Nach dem Trocknen malen Sie mit verdünnter weißer Farbe und einem breiten Pinsel Streifen auf das Kleid. Hinweise zum Bemalen des Gesichtes finden Sie im Abschnitt »Arbeitstechnik, Farbe, Seite 9«.

Für die Haare schneiden Sie Flachsfaser in etwa 10 cm lange Stücke. Teilen Sie kleine Büschel ab und umwickeln diese bei etwa 8 cm mit Draht. Anschließend befestigen Sie die Büschel mit Heißkleber am Kopf, auch rückseitig.

Aus Modelliermasse fertigen Sie die Nase und ein kleines Herz für die Blütenhaube (Vorlagenbogen Seite A); beides wird nach dem Trocknen und Lackieren mit Heißkleber befestigt. Die Dekotüte tackern Sie am Körper fest.

Zum Schluss binden Sie eine Schleife, knoten ein paar auf Silberdraht gefädelte Perlen und die Drahtblume daran fest und befestigen das Arrangement mit Heißkleber am Hals des Blumenkinds.

»Moin Moin«

Der Anblick dieser freundlichen Gäste von der Küste weckt Urlaubserinnerungen.

Matrose

Höhe der Figur: 130 cm
Ansatzhöhe der Vorlage für den
  Kopf: 98 cm
Vorlagenbogen Seite A

Das wird gebraucht

- gesäumtes Fichtenholzbrett, 25 mm dick, 132 x 19 cm
- ungesäumtes Fichtenholzbrett, 25 mm dick (Standfläche)
- 3 Nägel, 2,5 x 60 mm
- 2 kurze Stifte
- lufttrocknende Modelliermasse und Acryllack (für Nase, Fähnchen, Knöpfe, Fische, Anker und Rettungsring)
- Acrylfarbe Weiß, Schwarz, Azurblau, Klassikrot, Terracotta, Braun
- Bast, natur und blau
- Dekonetz, 60 x 80 cm
- Jutekordel, 45 cm lang
- Muscheln

Hilfsmittel

- Heißklebepistole
- Holzleim

So wird's gemacht

Das Bodenbrett malen Sie braun an, den Matrosen bis zu einer Höhe von 80 cm blau. Die Kanten werden mit schwarzer Farbe abgedunkelt. Den oberen Teil bemalen Sie gemäß der Vorlage oder dem Foto.

Nase, Fische, Anker, Fähnchen und Rettungsring werden nach den abgebildeten Vorlagen (Vorlagenbogen Seite A) aus Modelliermasse gefertigt. Für die Knöpfe verwenden Sie ebenfalls Modelliermasse, die Sie zu einer Kugel formen und dann halbieren. Malen Sie die Dekoteile an. Nach dem Trocknen werden sie sorgfältig lackiert.

Die Jutekordel und das Netz nageln Sie mit zwei kurzen Stiften fest. Accessoires und aus blauem Bast geflochtene Ringe binden Sie mit Naturbast an der Kordel fest. Nase, Knöpfe und Fähnchen werden mit Heißkleber befestigt. Ins Netz legen Sie einige Muscheln.

Meerjungfrau

Höhe der Figur: 130 cm
Ansatzhöhe der Vorlage für den
  Kopf: 108 cm
Vorlagenbogen Seite A
  (»Universalkopf«; ohne Ohren)

Das wird gebraucht

- gesäumtes Fichtenholzbrett, 25 mm dick, 132 x 19 cm
- ungesäumtes Fichtenholzbrett, 25 mm dick (Standfläche)
- 3 Nägel, 2,5 x 60 mm
- lufttrocknende Modelliermasse und Acryllack (für Nase und Fische)
- Acrylfarbe Azurblau, Weiß, Terracotta, Schwarz, Braun
- Bast, weiß und blau
- blaue Glasperlen
- Silberdraht
- Muscheln und Seesterne
- graues Chiffonband
- Deko-Glasflaschen
- verzinkter Bindedraht, Durchmesser 1,5 mm
- Faden

Hilfsmittel

- Heißklebepistole
- Holzleim
- Tacker
- Rundzange

So wird's gemacht

Malen Sie das Bodenbrett braun und den Körper azurblau an. Die Kanten werden mit schwarzer Farbe hervorgehoben. Für die Streifen auf dem Kleid verdünnen Sie weiße Farbe mit etwas Wasser und tragen sie mit einem breiten Pinsel in einem Zug auf. Hinweise zum Bemalen des Gesichtes finden Sie auf Seite 9.

Für die Haare umwickeln Sie ein Büschel aus blauem und weißem Bast in der Mitte mit einem reißfesten Faden. Kleben Sie die Haare an dieser Stelle mit Heißkleber auf der Kopfoberkante fest. Den »Scheitel« können Sie mit Bastschleifen kaschieren.

Binden Sie zwei Zöpfe
und befestigen Sie auf
Silberdraht gereihte Glasperlen im Haar. Muscheln und
Seesterne ergänzen die Frisur.

Aus Modelliermasse stellen Sie drei
Fische her (Vorlagenbogen Seite A),
in die Sie Löcher für die Befestigung
eindrücken. Nach dem Trocknen werden die Fische bemalt und lackiert.
Fädeln Sie die Fische auf ein Stück
Bindedraht. Mit der Zange gebogene
Rundungen im Draht sorgen
für Halt und Abstand. Befestigen
Sie den Draht mit dem Tacker
am Körper der Meerjungfrau.
Aus dem Chiffonband binden
Sie eine Schleife und kleben sie
mit der Heißklebepistole am Hals
der Figur fest. Auch die Nase
wird festgeklebt.

Die Standfläche dekorieren
Sie mit blauen Flaschen und
weißem Sand. Das unter-
streicht den maritimen
Charme der hübschen Lady.

Wichteltrio

Die kleinen Gäste aus dem Wichtelland verbreiten immer gute Laune.

Alle drei sind nach der gleichen Vorlage, nur verschieden hoch gearbeitet. Daher wird hier nur die Fertigung des großen Wichtels beschrieben. Die beiden Wichteldamen sollen Ihnen weitere Möglichkeiten der Gestaltung aufzeigen.

Höhe der Figur: 58 cm
Ansatzhöhe der Vorlage: 17 cm
Vorlagenbogen Seite A

Das wird gebraucht

- gesäumtes Fichtenholzbrett, 25 mm dick, 60 x 17 cm
- ungesäumtes Fichtenholzbrett, 25 mm dick (Standfläche)
- 3 Nägel, 2,5 x 60 mm
- lufttrocknende Modelliermasse und Acryllack (für Nase und Tasche)
- Acrylfarbe Azurblau, Schwarz, Grasgrün, Braun, Terracotta, Weiß
- Stoffrest
- Naturbast
- Kiefernzapfen
- Papierkordel mit Draht

Hilfsmittel

- Heißklebepistole
- Holzleim

So wird's gemacht

Die Standfläche malen Sie braun an, die Mütze grasgrün und das Kleid azurblau. Kanten heben Sie mit schwarzer Farbe hervor, auf das Kleid setzen Sie weiße Tupfen. Hinweise zum Bemalen des Gesichtes finden Sie auf Seite 9.

Haare und Bart sind aus Bast. Sie werden wie die modellierte Nase mit Heißkleber befestigt.

Für die Tasche rollen Sie Modelliermasse etwa 15 mm dick aus und schneiden ein Rechteck (Größe 7 x 5 cm) aus. Ein 5 mm dickes Dreieck wird als Taschenklappe aufgesetzt. Die Kontaktflächen beider Teile ritzen Sie vor dem Verbund mit einem Messer an. Die Verbundstellen werden versäubert. Seitlich drücken Sie Löcher zur Befestigung des Trageriemens ein.

Lassen Sie die Tasche trocknen und malen Sie sie mit brauner Acrylfarbe an. Nach dem Trocknen wird sie lackiert.

Die Papierkordel wird mit Heißkleber angeklebt. Die fertige Tasche hängen Sie dem Wichtel um. Den Kiefernzapfen befestigen Sie an einem Stückchen Bast und kleben ihn an der Mütze fest. Einen farblich passenden Stoffrest wickeln Sie Ihrem Wichtel als Schal um den Hals.

Schneemänner

Ein netter Willkommensgruß zur Winterzeit sind diese frostigen Gesellen.

Beide wurden nach der gleichen Vorlage, nur in verschiedenen Größen gearbeitet. Daher ist hier nur die Herstellung des großen Schneemannes beschrieben. Der kleinere kann als Anregung für weitere Gestaltungsmöglichkeiten dienen.

Höhe der Figur: 142 cm
Ansatzhöhe der Vorlage für den
   Kopf: 115 cm
Vorlagenbogen Seite A

Das wird gebraucht

- gesäumtes Fichtenholzbrett, 25 mm dick, 144 x 19 cm
- ungesäumtes Fichtenholzbrett, 25 mm dick (Standfläche)
- Holztafel, 25 mm dick, 30 x 9 cm
- 3 Nägel, 2,5 x 60 mm
- kurzer Stiftnagel
- lufttrocknende Modelliermasse und Acryllack (für Nase, Knöpfe, Herzchen und Dekokugeln)
- Acrylfarbe Weiß, Schwarz, Kastanienbraun, Avocadogrün, Weinrot
- Birkenreisig
- Ast, etwa 1 m lang
- verzinkter Bindedraht, Durchmesser 1,8 mm
- karierter Baumwollstoff
- Strukturschnee

Hilfsmittel

- Heißklebepistole
- Holzleim
- alte Zahnbürste und Sieb
- Ausstechförmchen in Herzform
- Bohrmaschine und Bohrer, Durchmesser 3 mm
- kleiner Spachtel
- Tacker

So wird's gemacht

Bohren Sie bei etwa 90 cm ein Loch für die Befestigung des Besens in den Rohling. Den Schneemann malen Sie weiß an, Hut und Standfläche schwarz. Heben Sie die Kanten des Schneemanns schwarz hervor. Das Gesicht bemalen Sie, wie auf dem Foto dargestellt.

Fertigen Sie Nase und Dekoteile aus Modelliermasse. In das Herzchen und die Kugeln drücken Sie Löcher für die Befestigung ein. Lassen Sie die geformten Teile trocknen, bevor Sie sie bemalen und sorgfältig lackieren. Nase und Knöpfe werden mit Heißkleber befestigt.

In die Holztafel bohren Sie Löcher für die Aufhängung und die Befestigung der Accessoires. Die Tafel wird grün grundiert und nach dem Trocknen schwarz beschriftet. Zur Auflockerung malen Sie weiße Schneekristalle auf. Setzen Sie etwas Schnee auf die Oberkante. Dazu verwenden Sie Strukturschnee aus dem Bastelgeschäft, den Sie mit Hilfe eines kleinen Spachtels auftragen und anschließend gut trocknen lassen (etwa 24 Stunden).

Herzen und Dekokugeln fädeln Sie auf Bindedraht auf und befestigen alles an der Tafel. Diese erhält ebenfalls einen Aufhänger aus Bindedraht, dann wird sie dem Schneemann um den Hals gehängt. Um ihr zusätzlichen Halt zu geben, tackern Sie den Draht auf der Rückseite des Schneemanns fest.

Für den Besen schneiden Sie das Birkenreisig auf etwa 50 cm zu, legen das Ganze um den Ast und umwickeln es mit Bindedraht. Den fertigen Besen befestigen Sie mit Draht an dem gebohrten Loch.

Schneiden Sie aus Baumwollstoff ein Dreiecktuch und binden Sie es dem Schneemann um den Hals.

Tipp

Für winterliches Aussehen sorgen weiße Tupfen auf Hut und Knöpfen. Dazu tauchen Sie eine alte Zahnbürste in etwas verdünnte weiße Farbe und streifen sie über einem Sieb ab.

Heimwerker-Duo

Eine passende Idee für alle Freizeithandwerker und Bastler.

Maler Klecksel

Höhe der Figur: 140 cm
Ansatzhöhe der Vorlage für
  den Kopf: 118 cm
Vorlagenbogen Seite A
  (»Universalkopf«)

Das wird gebraucht

- gesäumtes Fichtenholzbrett,
  25 mm dick, 142 x 19 cm
- ungesäumtes Fichtenholzbrett,
  25 mm dick (Standfläche)
- 3 Nägel, 2,5 x 60 mm
- Acrylfarbe Weiß, Indigo (Blau),
  Terracotta, Gelb, Grün, Rot,
  Schwarz
- lufttrocknende Modelliermasse
  und Acryllack (für Nase und
  Knöpfe)
- Naturbast
- Dekofestiger aus dem Bastelgeschäft
- Zeitung
- kleiner Zinkeimer
- Drahtkrampe
- leere Farbfläschchen
- Pinsel
- Stoffrest

Hilfsmittel

- Holzleim
- Heißklebepistole
- Tacker

So wird's gemacht

Latzhose und Gesicht werden mit
Bleistift auf das unbehandelte Holz
aufgezeichnet. Die Hose malen Sie
weiß an, die Standfläche und das
Hemd blau. Die Ränder der Latzhose
werden mit blauer Farbe hervorgehoben.

Nach dem Trocknen der Farbe setzen
Sie auf die Latzhose bunte Kleckse.
Tipps zum Bemalen des Gesichtes
finden Sie auf Seite 9.

Die Basthaare sowie Nase und Knöpfe, die aus Modelliermasse gefertigt
sind, werden mit Heißkleber befestigt.
Aus einer Zeitungseite falten Sie einen
Malerhut, den Sie mit Dekofestiger
stabilisieren. Den Festiger müssen
Sie innen und außen mit einem Pinsel satt auftragen. Lassen Sie den
Hut anschließend gut trocknen.
Beachten Sie die Herstellerhinweise
auf der Festigerflasche.

Wenn Sie den Hut nun noch mit Acryllack bestreichen, ist er auch wetter-
fest. Befestigt wird er mit Heißkleber.

Zur Befestigung des Eimerchens
schlagen Sie eine Drahtkrampe ein.
Aus einem Stoffrest binden Sie eine
kleine Schleife und knoten sie mit
Bast am Henkel fest. Dekorieren Sie
den Eimer mit ein paar leeren Farbfläschchen und Pinseln und binden
dem Maler ein buntes Halstuch um.

Schreiner mit Herz

Höhe der Figur: 150 cm
Ansatzhöhe der Vorlage für den
  Kopf: 128 cm
Vorlagenbogen Seite A
(»Universalkopf«; Markierungen
  für Bohrung beachten)

Das wird gebraucht

- gesäumtes Fichtenholzbrett,
  25 mm dick, 152 x 19 cm
- ungesäumtes Fichtenholzbrett,
  25 mm dick (Standfläche)
- 3 Nägel, 2,5 x 60 mm
- lufttrocknende Modelliermasse
  und Acryllack (für Nase, Knöpfe
  und Mützenschirm)
- Acrylfarbe Olivgrün, Terracotta,
  Elfenbein, Kastanienbraun,
  Schwarz, Weiß
- braunes Kunstleder (für Brust-
  und Seitentasche)
- grün-braun karierter Baumwollstoff
- kurze Breitkopf-, Tapezier- oder
  Polsternägel
- Naturbast
- Draht
- Rundstab, Durchmesser 10 mm
- Nägel, 1,6 x 30 mm
- 2 Schrauben
- Schreinerwerkzeug zur Dekoration,
  z. B. Hammer, Schraubendreher,
  Nägel, Zollstock, Schmirgelpapier,
  Holzleimtube

ungesäumte Fichtenholzbretter,
25 mm dick, für die Werkzeugkiste:

- Boden, 24 x 13 cm
- Vorder- und Rückseite, je 24 x 6 cm
- zwei Seitenteile (Vorlagenbogen
  Seite A)

Hilfsmittel

– Holzleim
– Heißklebepistole
– Tacker
– Bohrmaschine und Bohrer,
  Durchmesser 3 mm
– Modellierholz

So wird's gemacht

Für die Befestigung der Schirmmütze
durchbohren Sie den Kopf des Holzrohlings an den im Vorlagenbogen
markierten Stellen. Gesicht, Latzhose
und Hemd zeichnen Sie mit Bleistift
auf die Figur auf. Die Hose bemalen
Sie olivgrün, das Hemd in Karos
abwechselnd terracotta, elfenbein,
braun und schwarz. Die Ränder der
Latzhose werden schwarz betont.

Knöpfe, Nase und Mützenschirm
werden aus Modelliermasse gefertigt. Für den Schirm rollen Sie die
Modelliermasse 8 mm dick aus.
Schneiden Sie einen Halbkreis aus,
dessen gerade Seite etwa 12 cm lang
ist. Mit Hilfe des Modellierholzes
drücken Sie entlang der Rundung
ein Muster ein. Beide Ecken des
Schirms werden mit einem Zahnstocher durchbohrt. Setzen Sie die
Löcher zum Befestigen des Schirms
nicht zu weit nach außen, um
ein Ausreißen zu vermeiden.
Damit dieses Accessoire
auch wirklich nach Hand-
werker aussieht, biegen
Sie den Schirm
etwas wellig.

Lassen Sie die geformten
Teile trocknen. Anschlie-
ßend können Sie sie über-
malen und lackieren. Der
fertige Schirm wird am
Kopf verdrahtet. Bast-
haare, Knöpfe und Nase
werden mit Heißkleber
angebracht. Witzig sieht
es aus, ein paar Haare
über den Mützenschirm
herausschauen zu lassen.

Die Brust- und die Seitentasche schneiden Sie aus
Kunstleder zu (Vorlagen-
bogen Seite A) und be-
festigen beides mit Breit-
kopf- oder Tapeziernägeln.

Sägen Sie die Teile für die
Werkzeugkiste zu. Alle
Teile werden mit Nägeln
verbunden – ein Schraub-
stock ist hier eine gute
Hilfe – und ein entspre-
chend zugeschnittener
Rundstab wird als Trage-
griff zwischen die Seitenteile geleimt. Da die Kiste
naturfarben bleibt, wird
sie nur mit etwas Wasser
eingestrichen. Lassen
Sie das Holz antrocknen,
und heben Sie die Kanten
schwarz hervor.

Nach dem Trocknen be-
schriften Sie die Kiste und
kleben zwei Nägel als
Dekoration an. Bohren Sie
von hinten zwei Löcher
durch die Figur, durch die
Sie die Kiste festschrauben.
Einen kleinen Hammer
und eine Laubsäge um-
wickeln Sie am Stiel mit
Bast und tackern sie an
der Seite fest.

Joker

Ein netter Glücksbringer für wahre Zocker.

Höhe der Figur: 133 cm
Ansatzhöhe der Vorlage für den
   Kopf: 100 cm
Vorlagenbogen Seite A
   (»Universalkopf«; ohne Ohren;
   Ansatzlinie für die Kappe beachten)

Das wird gebraucht

- gesäumtes Fichtenholzbrett,
  25 mm dick, 125 x 19 cm
- ungesäumtes Fichtenholzbrett,
  25 mm dick (Standfläche)
- ungesäumtes Fichtenholzbrett,
  19 mm dick (für die Kappe)
- 3 Nägel, 2,5 x 60 mm
- kurze Nägel, 1,6 x 30 mm
- lufttrocknende Modelliermasse
  und Acryllack (für die Nase)
- Acrylfarbe Weiß, Olivgrün, Honiggelb, Terracotta, Braun, Schwarz
- Satinbänder
- Schellen
- Steckdraht, Durchmesser 1,6 mm
- geglühter Bindedraht

ungesäumtes Fichtenholz, 19 mm dick,
für die Kartenkiste:

- Grundfläche, 16 x 8 cm
- 2 Seitenteile, je 4,2 x 6 cm
- Vorder- und Rückseite, je 16 x 6 cm.

Hilfsmittel

- Heißklebepistole
- Holzleim
- Bohrmaschine und Bohrer,
  Durchmesser 3 mm
- Spitzzange

So wird's gemacht

In die Zipfel der Kappe bohren Sie
Löcher zum Befestigen der Schellen.
Befestigen Sie die Kappe mit Heiß-
kleber am Kopf. Für besseren Halt
schlagen Sie zusätzlich von der
Rückseite zwei kurze Nägel ein.

Bodenplatte und Seitenteile der Kartenkiste werden mit kurzen Nägeln
verbunden. Ein Schraubstock ist hier
eine gute Hilfe. Für die Aufhängung
bohren Sie Löcher in die Seitenteile.

Bemalen Sie alle Teile, wie auf dem
Foto dargestellt. Für die Haare werden etwa 6 cm lange Stücke des
Steckdrahtes mit dem Hammer vorsichtig eingeschlagen und mit einer
Spitzzange in Form gebracht. Um
sich am überstehenden Draht nicht
zu verletzen, ist es ratsam, jedes Haar
nach dem Befestigen sofort zu biegen.

Kleben Sie die modellierte Nase mit
Heißkleber an und verdrahten Sie
die Schellen an der Kappe. Die fertige
Kartenkiste befestigen Sie mit Bindedraht an der Figur. Überstehende
Drahtenden werden mit einer Spitzzange eingedreht.

Binden Sie der Figur Seidenbänder
um, an deren Enden Sie Schellen
festknoten.

Hier kocht der Chef

Dieser Küchenchef ist, mit allerlei nützlichen Küchenutensilien behängt, eine nette Idee für ein Geschenk.

Höhe der Figur: 139 cm
Ansatzhöhe der Vorlage für den
 Kopf: 100 cm
Vorlagenbogen Seite A
 (»Universalkopf«; Sägelinie für die
 Kochmütze beachten)

Das wird gebraucht

- gesäumtes Fichtenholzbrett, 25 mm dick, 118 x 19 cm
- ungesäumtes Fichtenholzbrett, 25 mm dick (für Standfläche, Kochmütze und Rezepttafel)
- 3 Nägel, 2,5 x 60 mm
- lufttrocknende Modelliermasse und Acryllack (für Nase und Knöpfe)
- 2 kleine Drahtkrampen
- Steckdraht, Durchmesser 1,6 mm
- Bindedraht
- verzinkter Draht
- Acrylfarbe Weiß, Schwarz, Terracotta, Braun, Blau
- Naturbast
- karierter Stoffrest
- Küchenutensilien (z. B. Teigrolle, Kännchen, Schneebesen, Kochlöffel, Geschirrtuch)

Hilfsmittel

- Heißklebepistole
- Holzleim
- Bohrmaschine und Bohrer, Durchmesser 3 mm

So wird's gemacht

Zuerst befestigen Sie die Mütze des Kochs. Dazu schlagen Sie in die Schnittfläche des Kopfes als »Dübel« drei etwa 4 cm lange Stücke des Steckdrahtes zur Hälfte ein. Leimen Sie die Schnittfläche ein, setzen Sie die Kochmütze auf die Drahtenden und klopfen Sie sie mit dem Hammer vorsichtig fest, bis sie auf der Schnittfläche aufsitzt.

In die Rezepttafel (Abmessungen: 19 x 10 cm) bohren Sie Löcher für die Aufhängung. Schleifen Sie die Fläche glatt und grundieren Sie sie mit weißer Farbe. Der Rand wird mit blauer Farbe betont. Nach dem Trocknen schreiben Sie mit schwarzer Farbe ein beliebiges Rezept auf.

Bemalen Sie das Bodenbrett mit blauer und den Koch mit weißer Acrylfarbe. Die Ränder werden schwarz betont. Tipps zum Bemalen des Gesichtes finden Sie auf Seite 9.

Basthaare sowie Nase und Knöpfe aus Modelliermasse werden mit Heißkleber befestigt. Hängen Sie dem Koch mit Bast und Draht beliebige Küchenutensilien und das Rezeptschild um.

Nun fehlt dem Koch nur noch das Halstuch. Witzig sieht es auch aus, wenn Sie ihm einen Ring aus verzinktem Draht ins Ohr klemmen.

Gärtner

Mit seinem Blumen- und Werkzeugkörbchen lässt er jedes Gärtnerherz höher schlagen.

Höhe der Figur: 125 cm
Ansatzhöhe der Vorlage für den
 Kopf: 103 cm
Vorlagenbogen Seite A
 (»Universalkopf«)

Das wird gebraucht

- gesäumtes Fichtenholzbrett, 25 mm dick, 127 x 19 cm
- ungesäumtes Fichtenholzbrett, 25 mm dick (Standfläche)
- 3 Nägel, 2,5 x 60 mm
- kleine Drahtkrampen
- Bindedraht
- lufttrocknende Modelliermasse und Acryllack (für Nase, Deko-schildchen und Blumenanhänger)
- Acrylfarbe Grün, Elfenbein, Terracotta, Schwarz, Weiß, Braun
- Naturbast
- Strohhut
- Deko-Drahtkorb
- kleines Gärtnerwerkzeug
- Gießkanne
- Blumentopf
- Stoffrest mit Gärtnermotiv

Hilfsmittel

- Heißklebepistole
- Holzleim
- Teigrolle
- Modellierholz
- Ausstechförmchen in Blüten- oder Blümchenform

So wird's gemacht

Den Holzrohling bemalen Sie bis zu einer Höhe von 40 cm elfenbein-farben, den oberen Teil grün und die Standfläche braun. Kanten werden schwarz hervorgehoben. Nach dem Trocknen werden auf den helleren Teil terracottafarbene Streifen auf-gesetzt. Hinweise zum Bemalen des Gesichtes finden Sie auf Seite 9.

Für die Haare kleben Sie etwa 12 cm lange Baststücke mit Heißkleber an, dann schneiden Sie den Pony zurecht.

Setzen Sie dem Gärtner einen Stroh-hut auf, den Sie mit zwei kleinen Drahtkrampen auf dem Kopf befes-tigen. Auf die gleiche Weise wird auch der Korb am Körper angebracht. Nase und Knöpfe aus Modelliermasse bringen Sie mit Heißkleber an.

Aus ausgewellter Modelliermasse fertigen Sie ein Schildchen (etwa 12 x 4 cm) und stechen aus dem Rest noch Blumen aus. Mit dem Mo-dellierholz ritzen Sie die Beschriftung »My home is my garden« ins Schild und stechen Löcher für die Befesti-gung durch. Nach dem Bemalen und Lackieren drahten Sie diese Teile wie auch die Gießkanne am Korb fest.

Binden Sie dem Gärtner ein Halstuch um und dekorieren Sie das Gärtner-körbchen mit Werkzeug und einer zur Jahreszeit passenden Topfpflanze.

Hochzeitspaar »Just married«

Mit Liebe gestaltet und verschenkt, ist dies bestimmt eine nette Überraschung für frisch Vermählte.

Braut

Höhe der Figur: 120 cm
Ansatzhöhe der Vorlage für den
  Kopf: 98 cm
Vorlagenbogen Seite A
  (»Universalkopf«; ohne Ohren)

Das wird gebraucht

- gesäumtes Fichtenholzbrett,
  25 mm dick, 122 x 19 cm
- ungesäumtes Fichtenholzbrett,
  25 mm dick (Standfläche)
- 3 Nägel, 2,5 x 60 mm
- 1 kurzer Nagel
- lufttrocknende Modelliermasse
  und Acryllack (für Nase, Dekokugeln und Blumenanhänger)
- Acrylfarbe Weiß, Weinrot, Schwarz,
  Grün, Gold, Terracotta
- Naturbast
- weißer Tüll
- Girlande mit Herzperlen
- Buchsbaumgirlande
- Dekokranz
- etwa 70 cm Chiffonband mit
  Herzmotiv
- weinrotes Satinband

Hilfsmittel

- Holzleim
- Heißklebepistole
- Ausstechförmchen in Blütenform

So wird's gemacht

Auf den fertigen Holzrohling werden Gesicht und Kragen mit Bleistift aufgezeichnet. Den Kragen bemalen Sie mit weinroter, das Kleid mit weißer, die Standfläche mit grüner Farbe. Die kleinen spiralförmigen Ornamente auf dem Brautkleid werden mit einem feinen Haarpinsel in Weinrot aufgetragen. Um den Kragen festlicher aussehen zu lassen, fassen Sie ihn mit Gold ein. Tipps zum Bemalen des Gesichtes finden Sie auf Seite 9.

Aus dem Bast fertigen Sie zwei etwa 30 cm lange Zöpfe und mehrere kleine Schleifen, die Sie mit Heißkleber am Kopf befestigen. Dabei reihen Sie die Bastschleifen zu einem Schopf dicht aneinander. Ein paar kurze Baststücke kleben Sie als Pony fest, den Sie dann noch etwas zurechtschneiden.

Den Schleier aus Tüll raffen Sie leicht zusammen und kleben ihn am Hinterkopf an. Danach wird die Buchsbaumgirlande als Kränzchen um den Schopf geklebt. Aus der Herzchengirlande binden Sie drei lange Schlaufen, die Sie ebenfalls mit Heißkleber am Schleier befestigen.

Aus Modelliermasse werden kleine Kugeln geformt und Blüten ausgestochen, in die Sie anschließend Löcher für die Befestigung eindrücken. Kugeln und Blüten fädeln Sie nach dem Bemalen und Lackieren auf Satinband auf und binden sie mit dem Chiffonband zusammen um den Kranz. Mit zwei kurzen Stücken des Bandes fassen Sie die Enden der Zöpfe zusammen.

Zum Schluss befestigen Sie den Dekokranz mit einem kurzen Nagel.

Bräutigam

Höhe der Figur: 130 cm
Ansatzhöhe der Vorlage für den
  Kopf: 103 cm
Vorlagenbogen Seite A
  (Gleiche Vorlage wie »Wächter«
  und »Schornsteinfeger«)

Das wird gebraucht

- gesäumtes Fichtenholzbrett,
  25 mm dick, 132 x 19 cm
- ungesäumtes Fichtenholzbrett,
  25 mm dick (Standfläche)
- 3 Nägel, 2,5 x 60 mm
- lufttrocknende Modelliermasse
  und Acryllack (für Nase, Knöpfe
  und Dekoblume)
- Acrylfarbe Weiß, Weinrot, Schwarz,
  Terracotta, Grün, Gold
- Naturbast
- Rest Chiffon- und Satinband
- kleiner grüner Buchszweig

Hilfsmittel

- Holzleim
- Heißklebepistole
- Ausstechförmchen in Blütenform

So wird's gemacht

Weste, Hemdkragen und Gesicht werden mit Bleistift auf den Holzrohling aufgezeichnet. Den Kragen bemalen Sie weiß, die Hose und den Zylinder schwarz, die Weste weinrot und die Standfläche grün. Die Ränder der Weste dunkeln Sie schwarz ab. Um den festlichen Anlass zu betonen, setzen Sie auf den Zylinder des Bräutigams einen Streifen mit goldener Farbe und betonen die Kanten ebenfalls in Gold.

Ein paar kurze Baststücke (etwa 4 cm lang) kleben Sie als Haare über die Ohren. Aus Modelliermasse fertigen Sie nun eine kleine Blüte sowie die Knöpfe und die Nase. Die Knöpfe werden schwarz bemalt und mit goldener Farbe veredelt. Anschließend befestigen Sie diese Teile mit Heißkleber. Aus den Bänderresten legen Sie eine kleine Schleife, die Sie zusammen mit einem grünen Zweig (vielleicht vom Kranz der Braut) dem Bräutigam ans Revers kleben.

Schornsteinfeger

§chöner kann man wohl kaum »Viel Glück« wünschen.

Höhe der Figur: 140 cm
Ansatzhöhe der Vorlage für den
  Kopf: 113 cm
Vorlagenbogen Seite A

Das wird gebraucht

- gesäumtes Fichtenholzbrett, 25 mm dick, 142 x 19 cm
- ungesäumtes Fichtenholzbrett, 25 mm dick (Standfläche)
- 3 Nägel, 2,5 x 60 mm
- Acrylfarbe Schwarz, Weiß, Terracotta, Rot, Grün
- lufttrocknende Modelliermasse und Acryllack (für Nase, Knöpfe und Glücksbringer)
- Steckdraht, Durchmesser 1,6 mm
- Weidenruten
- kurze Nägel
- Bindedraht
- rotes Band und rote Kordel
- Stoffrest mit Glücksbringermotiv
- kleiner Marienkäfer aus Holz
- Glückspfennig

Hilfsmittel

- Heißklebepistole
- Holzleim
- Spitzzange

So wird's gemacht

Den Körper und den Zylinder des Holzrohlings bemalen Sie schwarz, die Standfläche grün. Mit weißer Farbe werden alle Ränder etwas aufgehellt. Eine Anleitung zum Bemalen des Gesichtes finden Sie auf Seite 9.

Fertigen Sie die Dekoteile aus Modelliermasse gemäß der Anleitung Seite 7 (Vorlagenbogen Seite B). Um das Hufeisen echt aussehen zu lassen, formen Sie kleine Kugeln und drücken sie als Nägel an. Die fertigen Teile bemalen Sie, wie es auf dem Foto dargestellt ist. Dann wird alles sorgfältig lackiert.

Für die Haare schlagen Sie etwa 6 cm lange Stücke des Steckdrahtes mit einem Hammer vorsichtig ein und drehen sie mit einer Spitzzange in Form. Um sich am überstehenden Draht nicht zu verletzen, ist es ratsam, jedes Haar nach dem Befestigen sofort zu biegen. Nun kleben Sie Nase, Knöpfe und Kleeblätter mit Heißkleber an.

Für die Leiter schneiden Sie zwei Weidenruten auf je 95 cm zu und befestigen daran mit kleinen Drahtstiften sieben etwa 20 cm lange Sprossen.

Die fertige Leiter wird an der Rückseite des Schornsteinfegers mit Nägeln befestigt, so dass sie leicht schräg hängt. Binden Sie die restlichen Glücksbringer (Fliegenpilz und Hufeisen) mit Draht an den Sprossen fest.

Aus dem Band fertigen Sie eine Schleife und knoten diese mit der roten Kordel ebenfalls an der Leiter fest.

Zum Schluss binden Sie dem Schornsteinfeger noch ein Halstuch um.

Hexe

Diese liebenswerte Hexe fühlt sich bestimmt auch in Ihrem Zuhause wohl.

Höhe der Figur: 158 cm
Ansatzhöhe der Vorlage für den
   Kopf: 106 cm
Vorlagenbogen Seite B

Das wird gebraucht

- gesäumtes Fichtenholzbrett, 25 mm dick, 126 x 19 cm
- ungesäumtes Fichtenholzbrett, 25 mm dick (für Standfläche, Herz und Spitzhut)
- 3 Nägel, 2,5 x 60 mm
- lufttrocknende Modelliermasse und Acryllack (für Nase, Vogel, Margerite und Quaste)
- Acrylfarbe Grün, Weinrot, Terracotta, Braun, Gelb, Schwarz, Weiß
- Naturbast
- etwa 80 cm lange Weidenrute, Durchmesser 2 cm
- Birkenreisig
- Steckdraht, Durchmesser 1,6 mm
- Bindedraht
- Deko-Vogelkäfig
- Stoffrest

Hilfsmittel

- Bohrmaschine und Bohrer, Durchmesser 3 mm
- heller Faden
- Heißkleber
- Holzleim
- Spitzzange

So wird's gemacht

Zuerst setzen Sie der Figur den Hexenhut auf (Vorlagenbogen Seite B). Dazu schlagen Sie in die Schnittfläche des Kopfes als »Dübel« drei etwa 4 cm lange Stücke des Steckdrahtes zur Hälfte ein. Leimen Sie die Schnittfläche ein, setzen Sie den Hexenhut auf die Drahtenden und klopfen Sie ihn mit dem Hammer vorsichtig fest, bis er auf der Schnittfläche aufsitzt.

Die Figur wird mit Acrylfarbe in Weinrot bemalt. Standfläche, Dekoherz (Vorlagenbogen Seite B) und Hut malen Sie grün an. Die Ränder betonen Sie mit schwarzer Farbe. Nach dem Trocknen wird das Herz mit schwarzer Farbe beschriftet. Zur Auflockerung setzen Sie Tupfen in Weiß auf.

Für die Streifen des Spitzhutes mischen Sie etwas Weiß und Braun. Tragen Sie die Farbe von außen zur Mitte hin in einem Zug auf. Hinweise zum Bemalen des Gesichtes finden Sie auf Seite 9.

Die Quaste für die Hutspitze, die Nase, der Vogel und die Margerite werden aus Modelliermasse gefertigt (Vorlagenbogen Seite B). Bei der Quaste und dem Vogel drücken Sie ein Loch in die Modelliermasse ein. Bemalen und lackieren Sie die Dekoteile gemäß dem Foto. Vogel und Quaste werden auf ein Stück Steckdraht aufgesteckt, die Nase und die Margerite werden mit Heißkleber befestigt.

Haare aus Bast werden ebenfalls mit Heißkleber angebracht. Für den Pony binden Sie einige etwa 8 cm lange Baststücke in der Mitte mit einem hellen Faden zusammen und kleben das Büschel an.

Aus dem Birkenreisig binden Sie den Hexenbesen. Schneiden Sie das Reisig auf etwa 45 cm zu, legen Sie es um die Weidenrute und umwickeln Sie es mit Bindedraht. Befestigt wird der Besen mit einem Stück Steckdraht, der in die Figur eingeschlagen und mit einer Spitzzange um den Besenstiel gebogen wird. Der Vogelkäfig wird hier mit eingehängt.

In das Dekoherz bohren Sie Löcher, durch die Sie Bindedraht durchziehen. Die Drahtenden werden aufgerollt, dann hängen Sie der Hexe das Herz um. Ein farblich passendes Halstuch peppt die freundliche Hexe noch auf.

Tipp

Wandeln Sie die Hexe wie auf nebenstehender Abbildung gezeigt ab, indem Sie Wurzeln, Kiefernzapfen und Aststücke im Basthaar befestigen.

Familie Bär

Die Mitglieder der Bärenfamilie werden alle nach der gleichen Vorlage, nur in verschiedenen Größen gearbeitet. Hier wird daher nur die Fertigung des Honigbären beschrieben.

Anhand der beiden anderen Bären sollen Ihnen weitere Gestaltungsmöglichkeiten gezeigt werden. Die Vorlage für ein Dekoherz finden Sie auf dem Vorlagenbogen Seite B. Beim Bärenkind stechen Sie die Blumenanhänger mit Ausstechförmchen aus Modelliermasse aus. Für das Halsband werden Schellen in Lederbänder eingeflochten.

Höhe der Figur (Honigbär): 104 cm
Ansatzhöhe der Vorlage für den
   Kopf: 85 cm
Vorlagenbogen Seite A

Das wird gebraucht

- gesäumtes Fichtenholzbrett, 25 mm dick, 106 x 19 cm
- ungesäumtes Fichtenholzbrett, 25 mm dick (Standfläche)
- ungesäumtes Fichtenholzbrett, 19 mm dick (für den Honigkasten)
- 3 Nägel, 2,5 x 60 mm
- kurze Nägel, 1,6 x 30 mm
- Acrylfarbe Braun, Blau, Russischgrün, Schwarz, Gelb, Weiß
- verzinkter Draht, etwa 1,30 m
- Dekobienen
- schwarze Knöpfe
- Stoffrest

Hilfsmittel

- Holzleim
- Heißkleber
- Spitzzange
- Bohrmaschine und Bohrer, Durchmesser 3 mm

So wird's gemacht

Auf den ausgesägten Rohling werden Gesicht, Hemdkragen und Weste mit Bleistift aufgezeichnet. Den Kragen bemalen Sie mit weißer Farbe. Für die Weste verwenden Sie Blau und hellen dieses mit Weiß auf. Knopfleiste und Ränder werden mit Schwarz betont.

Die Standfläche und den restlichen Bären bemalen Sie nun mit brauner Farbe und betonen auch hier die Ränder. Den inneren Bereich der Ohren arbeiten Sie mit einem feinen Pinsel von hell nach dunkel aus, um Tiefe

zu erhalten. Die Vorlage zum Bemalen des Gesichts finden Sie auf dem Vorlagenbogen Seite A.

Mit Heißkleber werden drei Knöpfe sowie die aus einem Stoffrest gebundene Fliege angebracht.

Für den Honigkasten benötigen Sie einen Boden von 27 x 13 cm, zwei Seitenteile von je 9,2 x 9 cm sowie eine Vorder- und eine Rückseite von je 27 x 9 cm.

Bodenplatte und Seitenteile werden mit Stiften verbunden – ein Schraubstock ist hier eine gute Hilfe. Zum Schluss bohren Sie Löcher für die Aufhängung in die Rückwand.

Bemalen Sie den Kasten russischgrün. Die Kanten werden schwarz betont, der Bereich für den Schriftzug mit Weiß aufgehellt. Nach dem Trocknen beschriften Sie den Kasten und malen zwei kleine Sonnenblumen auf. Hierfür können Sie die Vorlage für die Blumen aus Modelliermasse (Vorlagenbogen Seite B) zu Hilfe nehmen.

Der fertige Honigkasten wird dem Bären mit Bindedraht umgehängt. Biegen Sie die überstehenden Drahtenden vom Kasten weg nach hinten um den Körper des Bären und drehen die Enden mit einer Zange zusammen – so bekommt das Ganze mehr Halt, wenn der Kasten gefüllt wird.

Tipp

Dekobienen aus dem Bastelgeschäft befestigen Sie am Ohr und am Bauchladen des Bären.

Rosenfee

Die Fee ist ein ideales Geschenk für Menschen, die Rosen mögen.

Höhe der Figur: 160 cm
Ansatzhöhe der Vorlage für den
  Kopf: 106 cm
Vorlagenbogen Seite B

Das wird gebraucht

- gesäumtes Fichtenholzbrett,
  25 mm dick, 162 x 19 cm
- ungesäumtes Fichtenholzbrett,
  25 mm dick (Standfläche)
- 3 Nägel, 2,5 x 60 mm
- lufttrocknende Modelliermasse und
  Acryllack (für Nase und Knöpfe)
- Acrylfarbe Altrosé, Weinrot, Olivgrün, Terracotta, Weiß, Schwarz
- Organzasäckchen
- Seidenrosen und -blätter,
  getrocknete Rosen
- Schleierbänder in Rosé
- Naturbast
- kurzer Nagel, 1,6 x 30 mm

Hilfsmittel

- Holzleim
- Heißkleber
- 1 kleine Kartoffel für Farbaufdruck

So wird's gemacht

Standfläche und Feenhut bemalen
Sie mit olivgrüner Farbe. Dunkeln
Sie die Ränder schwarz ab.

Bemalen Sie die Figur bis zu einer
Höhe von 40 cm weiß. Für den Karo-
druck schneiden Sie aus der Kartoffel
einen Stempel. Tragen Sie mit einem
Pinsel grüne Farbe auf und bedrucken
Sie damit die Figur; grüne Streifen
werden zwischen den Karos ange-
setzt.

Das Kleid der Fee malen Sie in Altrosé an, die Kanten werden weinrot
abgedunkelt. Nach dem Trocknen
tragen Sie mit einem feinen Haarpinsel und weinroter Farbe ein kreuz-
förmiges Muster auf. Hinweise zum
Bemalen des Gesichtes finden Sie
auf Seite 9.

Für die Haare kleben Sie etwa 25 cm
lange Baststücke mit Heißkleber an,
auch auf der Rückseite des Kopfes,
damit die Zöpfe füllig werden. Der
Pony aus mehreren kurzen Bastbün-
deln verdeckt die Klebestellen.

Das Organzasäckchen hängen Sie an
einen kurzen Nagel und dekorieren
es mit Blüten und Blättern, ebenso
die Krempe des Spitzhutes. Zuletzt
werden Hutbänder sowie Nase und
Knöpfe aus Modelliermasse mit Heißkleber befestigt.

Sonnenblumenkind

Das Sonnenblumenkind verbreitet Sonnenschein – auch an trüben Tagen.

Höhe der Figur: 58 cm
Ansatzhöhe der Vorlage für den
  Kopf: 12 cm
Vorlagenbogen Seite B

Das wird gebraucht

- gesäumtes Fichtenholzbrett,
  25 mm dick, 60 x 25 cm
- ungesäumtes Fichtenholzbrett,
  25 mm dick (Standfläche)
- 3 Nägel, 2,5 x 60 mm
- Acrylfarbe Gelb, Terracotta, Braun,
  Olivgrün, Schwarz, Weiß
- Steckdraht, Durchmesser 1,6 mm
- Modelliermasse und Acryllack
  (für die Nase)
- Papierkordel mit Draht
- Weidenruten
- kleine Drahtstifte
- Dekovogelhaus
- kleiner Tontopf

Hilfsmittel

- Holzleim
- altes Sieb und Zahnbürste
- Heißkleber

So wird's gemacht

Gesicht, Blatt und Blütenblätter zeichnen Sie mit Bleistift auf den Rohling auf. Standfläche und Blatt malen Sie olivgrün an, Blattadern und Ränder werden schwarz hervorgehoben.

Die Blütenblätter grundieren Sie gelb. Hellen Sie die Farbe mit Weiß etwas auf und dunkeln Sie die Ränder im äußeren Bereich braun, im inneren Bereich schwarz ab. Hinweise zum Bemalen des Gesichts finden Sie auf Seite 9.

Die restliche Figur bemalen Sie gelb und tragen im Randbereich und um Blatt und Blütenblätter braune und schwarze Farbe auf. Haare und Blattkerben der Blüte werden ebenfalls mit schwarzer Farbe aufgemalt.

Nach dem Trocknen wird der untere Figurenteil noch schwarz besprenkelt.

(Fortsetzung »Sonnenblumenkind«)

Dazu verdünnen Sie die Farbe mit etwas Wasser, tauchen eine alte Zahnbürste ein und streifen diese von sich weg über ein altes Sieb ab.

Nase und Blattstiel (grün gefärbte Papierkordel) werden mit Heißkleber befestigt.

Für den Zaun schneiden Sie die Weidenruten in acht 20 cm lange Zaunlatten und zwei 25 cm lange Querleisten und verbinden diese mit kleinen Drahtstiften. Beim Festnageln ist es einfacher, wenn Sie mit den beiden äußeren Zaunlatten beginnen. Zur Befestigung des fertigen Zaunes schlagen Sie zwei etwa 3 cm lange Stücke Steckdraht zur Hälfte in die Standfläche der Figur. Die genaue Position der Drahtstücke muss vorher gekennzeichnet werden, da der Zaun auf den überstehenden Draht aufgesteckt wird.

TIPP

Dekorieren Sie den Zaun mit Vogelhaus und Tontopf.

Vogelscheuche

Mehr Vogelfreund als Scheuche ist dieser fröhliche Geselle.

Höhe der Figur: 133 cm
Ansatzhöhe der Vorlage für den
  Kopf: 107 cm
Vorlagenbogen Figur Seite B

Das wird gebraucht

- gesäumtes Fichtenholzbrett, 25 mm dick, 135 x 19 cm
- ungesäumtes Fichtenholzbrett, 25 mm dick (Standfläche)
- 3 Nägel, 2,5 x 60 mm
- Acrylfarbe Olivgrün, Blau, Terracotta, Schwarz, Weiß, Gelb, Braun
- lufttrocknende Modelliermasse und Acryllack (für Nase, Vögel, Dekokugeln und Margeriten)
- Naturbast
- verwitterte Äste
- Papierkordel mit Draht, etwa 80 cm
- Steckdraht, Durchmesser 1,6 mm
- 2 kleine Drahtkrampen
- Tontöpfchen
- Keramik-Kürbisse
- blauer Karostoff

Hilfsmittel

- Holzleim
- Heißkleber
- Spitzzange

So wird's gemacht

Grundieren Sie die Standfläche braun und die Kopfbedeckung blau. Die Ränder werden schwarz abgedunkelt, der rechte Teil des Hutes weiß aufgehellt.

Eine Anleitung zum Bemalen des Gesichtes finden Sie auf Seite 9. Die Figur selbst bemalen Sie olivgrün. Lassen Sie die Farbe antrocknen und tragen Sie dann beliebig Streifen und Wellenlinien in Blau, Terracotta und Weiß auf. Nach dem Trocknen setzen Sie noch weiße Tupfen auf.

Fertigen Sie die Dekoteile aus Modelliermasse gemäß der Anleitung Seite 7 (Vorlagenbogen Seite B). Beachten Sie, dass die modellierte Nase schräg abgeschnitten werden muss.

Deko-Kugeln und Kugeln zum Befestigen der Tontöpfe werden ebenfalls aus Modelliermasse geformt. Drücken Sie Löcher zum Auffädeln ein. Die fertigen Teile bemalen und lackieren Sie, wie auf dem Foto dargestellt. Die Kugeln zum Bemalen auf einen Zahnstocher stecken.

Die Äste binden Sie mit der Papierkordel zusammen und hängen sie der Scheuche um. Zwei kleine Drahtkrampen halten das Bündel an der Schulter fest. Die Vögel auf Kopf und Astgebinde werden mit Steckdraht befestigt, den Sie mit einem Hammer vorsichtig einschlagen oder mit einer Zange um die Äste drehen.

Basthaare, Bastschleifen, Nase und große Margerite werden ebenfalls mit Heißkleber angebracht. Kürbisse, Blumen, Dekokugeln und Tontöpfe befestigen Sie mit Bast an den Ästen, die Töpfchen werden dabei über eingeknüpfte Kugeln gefädelt.

Hasenpärchen

Das Hasenpärchen wird nach der gleichen Vorlage, nur in verschiedenen Größen gearbeitet. Hier wird nur die Fertigung des Hasenmannes beschrieben. Die Hasenfrau soll Anregung für weitere Gestaltung sein.

Höhe der Figur: 140 cm
Ansatzhöhe der Vorlage für den
  Kopf: 97 cm
Vorlagenbogen Seite B

Das wird gebraucht

- gesäumtes Fichtenholzbrett, 25 mm dick, 142 x 19 cm
- ungesäumtes Fichtenholzbrett, 25 mm dick (Standfläche)
- 3 Nägel, 2,5 x 60 mm
- lufttrocknende Modelliermasse und Acryllack (für Knöpfe)
- Acrylfarbe Braun, Grün, Schwarz, Weiß, Haut
- weißes Flachshaar
- Bindedraht
- Naturbast
- Dekokarotten
- Stoffrest

Hilfsmittel

- Holzleim
- Heißkleber
- Hammer
- Tacker

Tipp

Als Pärchen sehen die beiden natürlich noch einmal so gut aus!

So wird's gemacht

Hose und Gesicht werden mit Bleistift auf den Rohling aufgezeichnet. Den Hasen malen Sie braun an, Standfläche und Hose grün. Kanten und Ränder werden mit schwarzer Farbe abgedunkelt.

Betonen Sie die Bäckchen und das Innere der Ohren hautfarben. Weitere Tipps zum Bemalen des Gesichtes finden Sie auf Seite 9.

Fertigen Sie die Knöpfe aus Modelliermasse, die Sie nach dem Bemalen und Lackieren mit Heißkleber befestigen. Ein kleines Bündel des Flachshaares wird mit Draht umwickelt und zwischen die Ohren geklebt.

Schneiden Sie vom Bindedraht drei etwa 15 cm lange Stücke, die Sie in der Mitte zusammennehmen und mit Hilfe des Tackers an der Hasennase befestigen. Um die Schnurrhaare zu kräuseln, werden die Drahtenden um einen Bleistift gewickelt. Die Karotten werden an ein paar lange Bastfäden gebunden und dem Hasen als Kette umgehängt.

Aus dem Stoffrest schneiden Sie zwei kleine Quadrate, die Sie mit Heißkleber auf die Hose aufkleben. Jetzt braucht der Hasenmann nur noch sein Halstuch.

Froschduo

Selbst an trüben Tagen sorgen der Wetterfrosch und seine Herzdame für heitere Stimmung. Beide sind nach der gleichen Vorlage gefertigt und unterscheiden sich nur in Höhe und Dekoration. Die Vorlage für das Deko-herz der Froschdame ist auf Vorlagenbogen Seite A.

Höhe der Figur (Wetterfrosch):
  100 cm
Vorlagenbogen Seite B

Das wird gebraucht

- gesäumtes Fichtenholzbrett, 25 mm dick, 84 x 17 cm (für Rumpf)
- ungesäumtes Fichtenholzbrett, 25 mm dick (für Kopf, Standfläche und Dekoteile)
- 3 Nägel, 2,5 x 60 mm
- kleine Drahtstifte
- Steckdraht, Durchmesser 1,6 mm
- kleine Drahtkrampe
- Acrylfarbe Grasgrün, Artischocke, Terracotta, Braun, Schwarz, Weiß, Blau
- Weidenruten
- Naturbast
- wetterfeste Schleife
- verzinkter Bindedraht, Durchmesser 1,5 mm

Hilfsmittel

- Holzleim
- Bohrmaschine und Bohrer, Durchmesser 3 mm
- Heißkleber

So wird's gemacht

Den ausgesägten Kopf befestigen Sie mit Steckdraht am Körper. Dazu schlagen Sie in die Schnittfläche des Körpers als »Dübel« zwei etwa 4 cm lange Stücke des Steckdrahtes zur Hälfte ein. Leimen Sie die Schnitt-fläche ein, setzen Sie den Kopf auf die Drahtenden und klopfen Sie ihn mit dem Hammer vorsichtig fest, bis er auf der Schnittfläche aufsitzt.

Der Frosch wird mit grasgrüner Farbe grundiert, die Ränder mit Artischocke betont. Pausbäckchen wischen Sie mit Terracotta in die noch feuchte Grundierung. Nach dem Trocknen der Farbe malen Sie das Gesicht auf und lasieren die Standfläche mit brauner Farbe.

Für die Leiter schneiden Sie zwei Weidenruten auf je 75 cm zu. Daran befestigen Sie mit kleinen Drahtstif-ten acht etwa 20 cm lange Sprossen.

In die Dekoschilder (20 x 5 cm) bohren Sie Löcher zur Befestigung. Grundieren Sie die Schilder mit blauer Farbe, die Sie mit Weiß aufhellen und nach dem Trocknen schwarz beschriften.

Die fertige Leiter stecken Sie auf zwei in die Standfläche eingeschla-gene Drahtstücke. Die oberste Sprosse wird zusätzlich an einer seitlich in den Körper geschlagenen Drahtkrampe befestigt.

Die Wetterschilder hängen Sie mit Bindedraht an die Leiter. Zum Schluss wird der Frosch mit einer Schleife verziert.

Sauna-Treff

Für Heimsauna und Bad hält diese Türsteherin vieles bereit.

Höhe der Figur: 130 cm
Ansatzhöhe der Vorlage für den
    Kopf: 108 cm
Vorlagenbogen Seite A
    (»Universalkopf«; ohne Ohren)

Das wird gebraucht

- gesäumtes Fichtenholzbrett, 25 mm dick, 132 x 19 cm
- ungesäumtes Fichtenholzbrett, 25 mm dick (Standfläche und Dekoschild)
- 3 Nägel, 2,5 x 60 mm
- Drahtstift
- verzinkter Bindedraht, Durchmesser 1,5 mm
- lufttrocknende Modelliermasse und Acryllack (für die Nase)
- Acrylfarbe Blau, Terracotta, Braun, Schwarz, Weiß
- farblich passendes Handtuch
- Wellness-Set
- blaues Schleifenband

Hilfsmittel

- Holzleim
- Bohrmaschine und Bohrer, Durchmesser 3 mm
- Heißkleber
- Nadel und Faden

So wird's gemacht

Zeichnen Sie auf den Rohling den Halsausschnitt sowie Kragen und Saum des Bademantels auf. Der Abstand zwischen Saum und Standfläche beträgt 40 cm.

Die Standfläche und den Mantel grundieren Sie blau, den Kragen und den Saum hellen Sie mit Weiß auf. Mit schwarzer Farbe werden die Ränder betont und übereinander liegende Mantelteile angedeutet.

Nach dem Trocknen der Farbe wird das weiße Streifen- und Punktmuster auf Kragen und Saum aufgetragen. Die restliche Figur bleibt holzfarben. Sie wird nur mit Wasser eingestrichen. Nach dem Antrocknen heben Sie die Kanten mit brauner und schwarzer Farbe hervor. Hinweise zum Bemalen des Gesichtes finden Sie auf Seite 9.

In das Schild (27 x 5 cm) bohren Sie für die Befestigung zwei Löcher. Es wird mit brauner Farbe lasiert und mit Weiß aufgehellt. Nach dem Trocknen beschriften Sie es mit schwarzer Farbe und malen weiße sternförmige Blümchen auf.

Das Wellness-Set befestigen Sie mit einem Drahtstift an der Figur. Ein farblich passendes Schleifenband dient als Gürtel.

Für den Turban legen Sie ein Handtuch (etwa 70 x 50 cm) von hinten nach vorne um den Kopf der Figur, das Sie an den Enden kreuzen und nach hinten zurückschlagen. Nähen Sie das Handtuch mit ein paar Stichen fest.

Kleben Sie die Nase aus Modelliermasse an und hängen Sie der Figur das Dekoschild mit Bindedraht um.

»Kuhten Tag«

Heiteres Landleben hält mit diesem Zaungast Einzug.

Höhe der Figur: 136 cm
Vorlagenbogen Seite A

Das wird gebraucht

- gesäumtes Fichtenholzbrett,
  25 mm dick, 117 x 19 cm
  (für Rumpf)
- ungesäumtes Fichtenholzbrett,
  25 mm dick (Standfläche und
  Dekoschild)
- ungesäumtes Fichtenholzbrett,
  19 mm dick (für den Kopf)
- 3 Nägel, 2,5 x 60 mm
- 2 kurze Nägel, 1,6 x 30 mm
- verzinkter Bindedraht
- Acrylfarbe Weiß, Grün, Terracotta,
  Braun, Schwarz
- Naturbast
- Kuhglocke
- Karostoff
- Tonherzen

Hilfsmittel

- Holzleim
- Heißkleber
- Faden
- Bohrmaschine und Bohrer,
  Durchmesser 3 mm

So wird's gemacht

Fixieren Sie den Kopf mit etwas Heißkleber am Rumpf der Kuh und befestigen Sie ihn zusätzlich von hinten mit zwei Nägeln. Grundieren Sie die Standfläche grün, die Kuh weiß. Die Ränder werden schwarz betont.

Nach dem Trocknen der Farbe zeichnen Sie auf den Körper mit Bleistift beliebige Flecken auf und malen diese mit schwarzer Farbe aus. Das Gesicht bemalen Sie wie auf dem Foto dargestellt.

Bohren Sie in das Dekoschild (30 x 9 cm) zwei Löcher für die Befestigung, lasieren Sie es grün und hellen Sie den Schriftbereich mit weißer Farbe auf. Nach dem Trocknen beschriften Sie es mit schwarzer Farbe.

Für den Pony bündeln Sie mehrere etwa 16 cm lange Baststücke, die Sie in der Mitte mit einem Stück Faden umwickeln. Sie werden zwischen den Hörnern festgeklebt und zurechtgeschnitten.

Glocke und Schleife befestigen Sie mit Draht an einer eingeschlagenen Krampe. An den überstehenden Drahtenden fädeln Sie Tonherzen auf.

Das Dekoschild hängen Sie der Kuh mit Bindedraht um den Hals. Auf der Rückseite schlagen Sie eine Krampe ein, die es festhält.

Simsalabim

Der kleine Mann will Sie verzaubern – ohne billigen Hokuspokus.

Höhe der Figur: 162 cm
Ansatzhöhe der Vorlage für den
  Kopf: 108 cm
Vorlagenbogen Seite B

Das wird gebraucht

- gesäumtes Fichtenholzbrett, 25 mm dick, 164 x 19 cm
- ungesäumtes Fichtenholzbrett, 25 mm dick (Standfläche)
- 3 Nägel, 2,5 x 60 mm
- kurzer Nagel
- verzinkter Bindedraht, Durchmesser 1,5 mm
- dünner Draht
- Acrylfarbe Schwarz, Grasgrün, Terracotta, Braun, Weiß
- lufttrocknende Modelliermasse und Acryllack (für Nase, Sterne und Kugel des Zauberstabes)
- Naturbast
- schwarzer Metallhängekorb (aus dem Floristikbedarf)
- Rundstab, etwa 35 cm lang, Durchmesser etwa 6 – 8 mm
- Halloweenstoff

Hilfsmittel

- Holzleim
- Heißkleber
- Bohrmaschine und Bohrer, Durchmesser 3 mm

So wird's gemacht

Durch die Hutspitze bohren Sie ein Loch für die Befestigung der Dekosterne. Körper und Zauberhut werden mit schwarzer Farbe lasiert. Lassen Sie sie etwas antrocknen und wischen Sie mit weißer Farbe Lichteffekte ein.

Das grüne Tupfenmuster wird erst nach dem vollständigen Trocknen der Farbe auf den Spitzhut aufgetragen. Die Standfläche bemalen Sie mit grüner, den Rundstab für den Zauberstab mit schwarzer Farbe. Tipps zum Bemalen des Gesichtes finden Sie auf Seite 9.

Nase, Dekosterne (Vorlagenbogen Seite A) und die Kugel für den Zauberstab fertigen Sie aus Modelliermasse an. In die Sterne und die Kugel drücken Sie Löcher zur Befestigung ein. Lassen Sie die geformten Teile trocknen. Sie werden bemalt und lackiert, wie auf dem Foto dargestellt.

Kleben Sie Basthaare, Nase und die Kugel des Zauberstabes fest. Die Dekosterne verdrahten Sie am Hut. Beschriften Sie den Metallkorb. Er wird mit einem Nagel befestigt. Als Dekoration stellen Sie eine Flasche Zaubertrunk hinein.

Binden Sie der Figur noch ein Tuch mit Halloweenmuster um – und der Zauber kann beginnen.

Tipp

Frech sieht es aus, wenn Sie dem Zauberer eine Brille auf die Nase klemmen. Diese biegen Sie aus einem etwa 34 cm langen Stück Bindedraht. Um saubere Rundungen beim Biegen zu erhalten, legen Sie den Draht um einen Flaschenhals.

Schneeflöckchen, Weißröckchen

... wann kommst du geschneit? Mit diesem glitzernden Vorboten lässt die weiße Pracht bestimmt nicht mehr lange auf sich warten.

Höhe der Figur: 125 cm
Ansatzhöhe der Vorlage für den
   Kopf: 103 cm
Vorlagenbogen Seite A
   (»Universalkopf«; ohne Ohren;
   Ansatzlinie für die Haube beachten)

Das wird gebraucht

- gesäumtes Fichtenholzbrett, 25 mm dick, 117 x 19 cm
- ungesäumtes Fichtenholzbrett, 25 mm dick (für Standfläche, Dekoherz und Schneehaube)
- 3 Nägel, 2,5 x 60 mm
- 2 Nägel, 1,6 x 30 mm
- lufttrocknende Modelliermasse und Acryllack (für die Nase)
- Acrylfarbe Weiß, Eisblau, Terracotta, Braun, Schwarz
- Glitterfarbe silber
- Federboa, etwa 40 cm
- eisblauer Beerenkranz
- verzinkter Bindedraht, Durchmesser 1,5 mm

Hilfsmittel

- Holzleim
- Heißkleber
- Bohrmaschine und Bohrer, Durchmesser 3 mm

So wird's gemacht

Fixieren Sie die Schneehaube (Vorlagenbogen Seite A) mit Heißkleber am Kopf der Figur. Die Ansatzlinie für die Haube ist auf der Vorlage eingezeichnet. Befestigen Sie die Haube zusätzlich von der Rückseite her mit zwei Nägeln.

Standfläche, Körper und Schneehäubchen werden mit weißer Farbe grundiert, die Ränder mit blauer Farbe hervorgehoben. Nach dem Trocknen skizzieren Sie mit Bleistift Schneekristalle auf Haube und Körper und zeichnen diese mit einem silbernen Glitterstift nach. Die Anleitung zum Bemalen des Gesichtes finden Sie auf Seite 9

In das Dekoherz (Vorlagenbogen Seite B) bohren Sie zwei Löcher für die Befestigung. Das Herz wird weiß grundiert, wobei Sie etwas Eisblau einwischen. Die Ränder werden braun betont. Nachdem die Farbe getrocknet ist, beschriften Sie das Herz mit brauner Farbe.

Beerenkranz und Dekoherz befestigen Sie mit Bindedraht, den Federkragen halten Sie mit etwas Heißkleber zusammen.

Wächter

Wenn die Tage kürzer werden, kommt dieser Geselle im Schein der Laterne erst richtig zur Geltung.

Höhe der Figur: 135 cm
Ansatzhöhe der Vorlage für den
  Kopf: 108 cm
Vorlagenbogen Seite B.

Das wird gebraucht

- gesäumtes Fichtenholzbrett, 25 mm dick, 137 x 19 cm
- ungesäumtes Fichtenholzbrett, 25 mm dick (Standfläche)
- 3 Nägel, 2,5 x 60 mm
- kleine Drahtkrampe
- verzinkter Bindedraht, Durchmesser 1,5 mm
- Steckdraht, Durchmesser 1,6 mm
- lufttrocknende Modelliermasse und Acryllack (für Dekoherz, -vogel, Nase und Knöpfe)
- Acrylfarbe Indigo (Blau), Weinrot, Braun, Terracotta, Weiß, Schwarz
- Strukturpaste
- Naturbast
- alte Schlüssel
- Laterne
- Stoffrest

Hilfsmittel

- Holzleim
- Heißkleber

So wird's gemacht

Bemalen Sie den Hut des Wächters mit weinroter, den Körper mit blauer und die Standfläche mit brauner Farbe. Ränder und Hutkrempe werden schwarz betont, in die Hutgrundierung wischen Sie weiße Lichteffekte.

Hinweise zum Bemalen des Gesichtes finden Sie auf Seite 9. Den Schnauzbart zeichnen Sie mit Bleistift vor und tragen mit einem Holzstäbchen Strukturpaste auf. Das Bemalen kann dann erst nach vollständigem Trocknen (etwa 24 Stunden) erfolgen. Knöpfe, Dekoherz, Vogel und Nase werden aus Modelliermasse gefertigt (Vorlagenbogen Seiten A und B). Um den Vogel zu befestigen, drücken Sie ein Loch in die noch weiche Masse. Die geformten Teile werden nach dem Trocknen bemalt und lackiert.

Für die Befestigung des Vogels klopfen Sie ein etwa 6 cm langes Stück Steckdraht in die obere Kante des Hutes. Biegen Sie den Draht und stecken den Vogel mit einem Tropfen Kleber auf. Anschließend werden Laterne und Schlüssel mit Bindedraht umgehängt. Eine Drahtkrampe an der Schulter hält die Dekoration fest. Zum Schluss kleben Sie die Basthaare fest und binden dem Wächter ein farblich passendes Halstuch um.

Lassen Sie die Laterne nie ohne Aufsicht brennen!

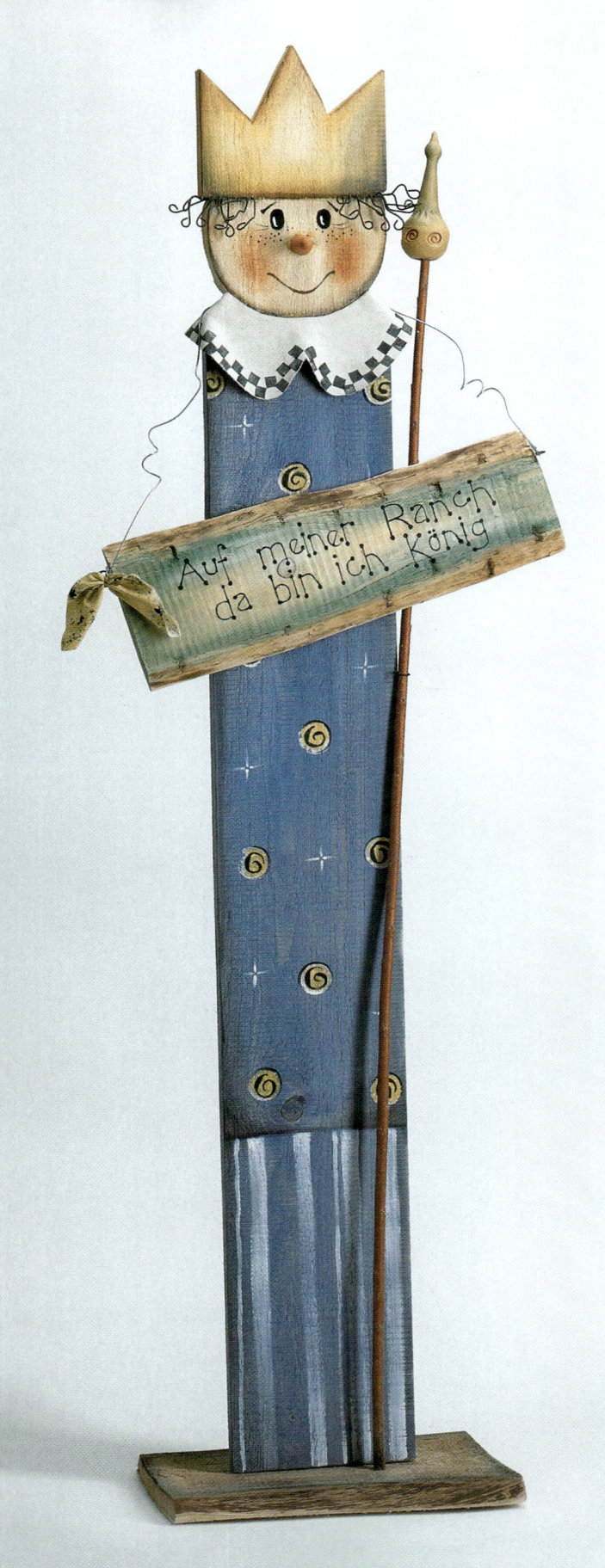

Rancherkönig

Ein Gast aus königlichem Haus, der besonders gut im Freien wirkt.

Höhe der Figur: 137 cm
Ansatzhöhe der Vorlage für den
   Kopf: 108 cm
Vorlagenbogen Seite B

Das wird gebraucht

- gesäumtes Fichtenholzbrett, 25 mm dick, 139 x 19 cm
- ungesäumte Fichtenholzbretter, 25 mm dick (für Standfläche und Dekoschild)
- 3 Nägel, 2,5 x 60 mm
- lufttrocknende Modelliermasse und Acryllack (für Nase und Zepterspitze)
- Acrylfarbe Blau, Schwarz, Honiggelb, Terracotta, Braun, Weiß, Grün
- Weidenrute
- Wildlederrest
- kleine Drahtkrampen
- Steckdraht, Durchmesser 1,6 mm
- verzinkter Bindedraht, Durchmesser 1,5 mm
- Stoffrest

Hilfsmittel

- Holzleim
- Heißkleber
- Bohrmaschine und Bohrer, Durchmesser 3 mm
- Sektkorken
- 1 kleine Kartoffel
- Spitzzange

So wird's gemacht

Grundieren Sie den Körper des Rohlings mit blauer, die Standfläche mit brauner Farbe. Die Kanten werden schwarz abgedunkelt. Nach dem Trocknen tragen Sie im unteren Teil der Figur bis zu einer Höhe von 35 cm ein weißes Streifenmuster auf. Heben Sie die Ansatzlinie mit schwarzer Farbe hervor.

Auf die Fläche oberhalb malen Sie weiße Sterne auf. Mit einem Sektkorken tupfen Sie honiggelbe Tupfen auf, die Sie dann spiralförmig mit schwarzer Farbe bemalen.

Die Krone wird honiggelb lasiert, die Ränder mit brauner und schwarzer Farbe betont. Lichteffekte werden mit weißer Farbe eingewischt. Hinweise zum Bemalen des Gesichtes finden Sie auf Seite 9.

Den Kragen schneiden Sie gemäß der Vorlage aus einem Stück Wildleder aus und befestigen ihn nach dem Bedrucken mit Heißkleber. Für den Karoaufdruck schneiden Sie aus der Kartoffel einen Stempel, auf den Sie mit einem Pinsel schwarze Farbe auftragen.

Als Haare werden etwa 6 cm lange Stücke Steckdraht mit einem Hammer vorsichtig eingeschlagen und mit einer Spitzzange in Form gebracht.

Um sich nicht am überstehenden Draht zu verletzen, ist es ratsam, jedes Haar nach dem Befestigen sofort zu biegen.

Zepterspitze und Nase fertigen Sie aus Modelliermasse. Für die Spitze des Zepters formen Sie eine Kugel, auf die Sie einen schmalen Kegel setzen. Versäubern Sie die Verbundstelle. Für die Befestigung drücken Sie ein Loch ein.

Die modellierten Teile werden nach dem Trocknen bemalt und sorgfältig lackiert. Stecken Sie die fertige Zepterspitze mit Heißkleber auf die Weidenrute. Das Zepter befestigen Sie mit Draht an einer eingeschlagenen Krampe.

In das Deko-Schild (40 x 15 cm) bohren Sie Löcher für die Befestigung. Die Fläche wird grün lasiert, der Schriftbereich mit weißer Farbe aufgehellt und nach dem Trocknen schwarz beschriftet. Das fertige Schild hängen Sie mit Bindedraht um, wobei Sie für besseren Halt rückseitig eine Krampe einschlagen. Das Schild verzieren Sie mit einer Stoffschleife.

Weihnachtsmann und Engelchen

Zwei himmlische Boten, die Sie und Ihre Gäste auf die Weihnachtszeit einstimmen sollen.

Weihnachtsmann

Höhe der Figur: 136 cm
Ansatzhöhe der Vorlage für den
 Kopf: 90 cm
Vorlagenbogen Seite A

Das wird gebraucht

- gesäumtes Fichtenholzbrett, 25 mm dick, 138 x 19 cm
- ungesäumtes Fichtenholzbrett, 25 mm dick (für Standfläche und Dekoschild)
- 3 Nägel, 2,5 x 60 mm
- lufttrocknende Modelliermasse und Acryllack (für Nase, Knöpfe, Sterne und Deko-Vogel)
- Acrylfarbe Weinrot, Weiß, Grün, Terracotta, Honiggelb, Braun, Schwarz
- Strukturpaste
- Drahtkrampe
- verzinkter Bindedraht, Durchmesser 1,5 mm
- Steckdraht, Durchmesser 1,6 mm

Hilfsmittel

- Holzleim
- Heißkleber
- Holzstäbchen
- Bohrmaschine und Bohrer, Durchmesser 3 mm

So wird's gemacht

Tragen Sie mit einem Holzstäbchen Strukturpaste entlang der Bart- und Haarkonturen auf, die Sie etwa 24 Stunden trocknen lassen. Dann bemalen Sie Haare, Bart und Quaste mit weißer Farbe. Die Ränder werden mit Braun und Schwarz hervorgehoben. Eine Anleitung zum Bemalen des Gesichtes finden Sie auf Seite 9.

Die Mütze und die restliche Figur werden rot, die Standfläche wird grün lasiert. Auch hier werden die Ränder mit schwarzer Farbe abgedunkelt.

Nase, Knöpfe, Dekovogel und Sterne (Vorlagenbogen Seite A und B) werden aus Modelliermasse gefertigt. Die Nase hat die Form einer Halbkugel, von der Sie den oberen Teil wegschneiden. In den Vogel und die Sterne drücken Sie Löcher für die Befestigung.

Lassen Sie die geformten Teile trocknen, anschließend werden sie bemalt und lackiert. Befestigen Sie Nase und Knöpfe mit Heißkleber.

Bohren Sie in das Dekoschild (28 x 6 cm) Löcher für die Aufhängung und die Verdrahtung der Dekosterne. Das Schild wird grün lasiert, die Kanten werden braun hervorgehoben. Den Schriftbereich hellen Sie mit weißer Farbe auf. Wenn der Grundanstrich getrocknet ist, beschriften Sie das Schild mit schwarzer Farbe.

Für die Befestigung des Dekovogels klopfen Sie ein etwa 5 cm langes Stück Steckdraht in die obere Kante des Schilds. Biegen Sie den überstehenden Draht mit einer Spitzzange wellig. Den Vogel stecken Sie mit einem Tropfen Heißkleber auf. Verdrahten Sie die Dekosterne am Schild und hängen Sie alles mit Bindedraht um die Schulter des Weihnachtsmannes. Für besseren Halt schlagen Sie auf der Rückseite eine Krampe ein.

Engelchen

Höhe der Figur: 112 cm
Ansatzhöhe der Vorlage für den
 Kopf: 90 cm
Vorlagenbogen Seite A
 (»Universalkopf«)

Das wird gebraucht

- gesäumtes Fichtenholzbrett, 25 mm dick, 114 x 19 cm
- ungesäumtes Fichtenholzbrett, 25 mm dick (Standfläche)
- 3 Nägel, 2,5 x 60 mm
- lufttrocknende Modelliermasse und Acryllack (für Dekosterne und Nase)
- Acrylfarbe Braun, Olivgrün, Terracotta, Weiß, Schwarz
- frische, dünne Weidenruten
- Drahtkrampen
- Flachsfaser
- Papierkordel mit Draht, etwa 45 cm
- Häkelspitze
- Bindedraht
- Metallhängekorb
- Moos
- Äpfel
- rote Seidenbänder

Hilfsmittel

- Holzleim
- Heißkleber
- Spitzzange

So wird's gemacht

Lasieren Sie die Standfläche braun und den Körper des Engels grün. Die Ränder werden mit schwarzer Farbe betont. Nach dem Trocknen der Farbe setzen Sie weiße Kringel auf das Kleid. Hinweise zum Bemalen des Gesichtes finden Sie auf Seite 9.

Aus etwa 65 cm langen Weidenruten biegen Sie zwei Flügel. Umwickeln Sie die Flügel mit Bindedraht und befestigen Sie sie mit Heißkleber und Drahtkrampen am Rücken des Engels.

Die Haare aus Flachsfaser kleben Sie bündelweise fest, auch auf der Rückseite des Kopfes. Die Ansatzstellen verdecken Sie mit einem Pony. Binden Sie zwei Zöpfe, die Sie nach oben rollen und mit etwas Kleber fixieren.

Dekosterne (Vorlagenbogen Seite A) und Nase fertigen Sie aus Modelliermasse. In die Sterne drücken Sie Löcher für die Befestigung ein. Nach dem Trocknen werden die fertigen Teile bemalt und lackiert.

Befestigen Sie die modellierte Nase und den Kragen aus Häkelspitze mit Heißkleber und hängen Sie dem Engel einen Dekokorb um, den Sie mit Bändern, Moos, Äpfeln und den modellierten Sternen dekorieren.

Tipp

Es passt zu dem Engel, wenn Sie ihm noch einen Sternreif aufsetzen.

Aus eins mach' zwei

Grundlage dieser Brettfigur ist ein Holzrohling mit einem runden Universalkopf (Vorlagenbogen Seite A). An diesem werden dann mit Klettband verschiedene Wechselköpfe befestigt. Im gezeigten Beispiel sind dies der aus einem Stück gefertigte Hexenkopf (Vorlagenbogen Seite B) und der Wechselkopf für's Blütenkind (Vorlagenbogen Seite B).

Die Figur selbst arbeiten Sie aus einem gesäumten Brett, 25 mm dick; für die Wechselköpfe verwenden Sie ungesäumte Bretter, 19 mm dick.

Schneiden Sie Klettband in vier etwa 15 cm lange Streifen. Das Vliesband befestigen Sie mit dem Tacker am Kopf des Holzrohlings. Auf der Rückseite der ausgesägten Wechselköpfe tackern Sie das Hakenband fest. Figur und Köpfe können somit wechselweise miteinander verbunden werden.

Gestalten Sie nun die Grundfigur und Köpfe, wie auf dem Foto dargestellt.

Tipp

Wenn Sie an die Wechselköpfe einen Kragen ansetzen, können Sie diese, wie im gezeigten Beispiel das Blütenkind, auch als Wand- oder Türschmuck verwenden.

Bibliografische Information
der Deutschen Bibliothek –

Die Deutsche Bibliothek verzeichnet
diese Publikation in der Deutschen
Nationalbibliografie; detaillierte bibliografische Daten sind im Internet über
HYPERLINK http://dnb.ddb.de
abrufbar.

Fotografie: Klaus Lipa, Diedorf
bei Augsburg
Lektorat: Günter Wiegand, Wiesbaden
Umschlagkonzeption: Zero Werbe-
agentur, München
Umschlaglayout: Daniela Meyer
Herstellung: Elke Martin
Layout: Michael Stiehl, Leipzig

© 2003 Knaur Ratgeber Verlage
Ein Unternehmen der Droemerschen
Verlagsanstalt Th. Knaur Nachf. GmbH
& Co. KG, München

Satz: Gesetzt aus 10 auf 13 Punkt
Frutiger Light in Quark-X-Press
von Michael Stiehl, Leipzig
Reproduktion: Repro Ludwig,
A-Zell am See
Druck und Bindung: Druckerei Uhl,
Radolfzell
Gedruckt auf 115 g umweltfreundlich
chlorfrei gebleichtem Papier.

ISBN 3-426-66809-2
Printed in Germany

Bitte besuchen Sie uns im Internet:
www.droemer- knaur.de

Weitere Titel aus dem Bereich Kreativ
finden Sie im Internet unter:
www.knaur- kreativ.de